재단법인 파라다이스 복지재단은 기업이윤의 사회 환원을 통해 더불어 살아가는 사회를 구현하고 미래를 창조하기 위해 1994년 설립되었습니다.

장애인을 비롯한 소외계층의 어려움을 함께 나누고 보다 풍요로운 미래를 디자인 하겠다는 한결같은 열정으로 교육, 치료, 문화, 예술 등 다양한 영역의 복지사업을 수행하고 있습니다.

www.isorimall.com

아이소리몰은 양질의 진단평가도구 및 교재교구 개발 및 보급하기 위해 파라다이스 복지재단의 수익사업으로 2002년 시작되었습니다.

아이소리몰의 판매 수익금은 특수교육, 장애인 인식개선사업, 현장지원사업 등 파라다이스 복지재단의 다양한 사회복지사업에 수익금 전액이 환원되어 장애인 복지증진에 재사용 되고 있습니다.

KB100641

https://pf.kakao.com/_LnxlzK

isorimall_official

https://blog.naver.com/paradisewelfare3296

# 받침 탐험대

우리는 자신에게 필요한 정보를 얻고 전달하기 위해 읽기 · 쓰기 능력을 사용합니다.

이러한 읽기 · 쓰기 능력은 교과목 학업성취에도 필수적입니다.

읽기 · 쓰기에 어려움을 보이는 아동은 전반적인 학업성취에 어려움을 겪습니다.

임상에서 읽기 · 쓰기 수업을 할 때 느낀 가장 큰 걸림돌은 아동의 좌절입니다.

읽거나 쓸 수 있는 받침은 한두 개뿐인데 책이나 학습자료에는 너무나도 많은 받침이 쏟아져 나옵니다.

아이들은 읽고 쓰는 것에 점점 흥미를 잃어버리는 모습을 보며 마음이 아팠습니다.

'받침 탐험대'시리즈는 받침을 처음 배우기 시작한 아이들도 동화책 한 권을 스스로 읽는 재미를

느끼게 하고 싶어서 개발하였습니다. 한 개의 받침만 알아도 이야기를 읽고 쓰며

자신만의 동화책을 만드는 경험을 할 수 있습니다.

'받침 탐험대'시리즈는 읽기 · 쓰기 발달과정을 고려하여 동화책과 워크북을 구성하였습니다.

아이들은 교재 속 음가 학습, 음소 인지, 음소 생략 · 첨가, 읽기 유창성, 덩이글 이해력 증진(짧은 독해),

따라 쓰기, 받아쓰기 활동을 통해 자기주도적인 읽기 · 쓰기를 경험할 수 있습니다.

스스로 무엇인가를 한다는 것은 아주 뜻깊은 일입니다. 아이가 스스로 세상에 내뱉은 첫 낱말,

스스로 내디딘 첫 걸음은 매우 뜻깊고 기쁜 순간입니다.

본 교재를 통해 아이들이 스스로 책을 읽고 쓰는 기쁨을 접하길 바랍니다.

**저자_이다원**
- 한림대학교 언어병리학 전공, 청각학 부전공
- 이화여자대학교 언어병리학 석사 / 1급 언어재활사

+

https://www.instagram.com/slp_dw/

https://blog.naver.com/slp_dw

2024. 04

이 다 원

# 받침
## 탐험대
마트에 다녀와요

안녕? 반가워!

받침탐험대에 온 것을 환영해!

보물 지도 속 재료를 모두 모으면

'전설의 한글 약'을 만들 수 있어.

'전설의 한글 약'을 먹으면 어떤 글자를 만나더라도

전부 읽고 쓸 수 있게 된대!

그럼 우리 함께 재료를 찾으러 떠나볼까?

# 구성 및 지도방법

## 1. 음가 배우기

- 학생이 받침의 음가를 정확하게 인식하고 있는지 확인합니다.
- 입모양 그림을 활용해 정확한 소리를 낼 수 있는지 확인합니다.
- 초성에서의 소리와 종성에서의 소리의 차이를 인식하고 정확하게 산출할 수 있도록 지도합니다.

## 2. 음소 인지

- 단어 속에서 받침을 인지하고 있는지 확인합니다.
- 인지에 어려움을 보이는 경우 받침 부분만 길게 소리 내어 들려줍니다.
- 소리로만 인지하는 것이 어렵다면, 목표 받침이 포함되는 음절을 찾아 표시하도록 지도합니다.

## 3. 음소 생략 · 첨가

- 목표 받침을 단어 속에서 첨가 또는 생략할 수 있는지 확인합니다.

## 4. 어휘 예습

- 동화를 읽기 전 목표 받침이 들어가는 어휘를 예습합니다.

## 5. 동화 읽기

- 유창하게 읽는 것에 어려움이 있는 경우 목표 받침이 포함된 단어를 먼저 읽은 뒤 문장 전체를 읽도록 지도합니다.

## 6. 질문에 답하기

- 동화를 다 읽은 뒤 실시합니다.
- 내용을 기억하지 못하는 경우 스스로 문장을 읽고 문제에 답할 수 있도록 지도합니다.

# 받침
# 탐험대

마트에 다녀와요

# 받침[ㄴ] 음가 배우기

- 지도자가 소리를 먼저 들려주세요.

- 이후 학생용 페이지의 입모양을 보여주며 소리의 특성을 설명해 주세요.

- 초성에서의 소리와 종성에서의 소리의 차이를 설명해 주세요.

- 글자의 이름과 소리가 다름을 분명히 인지시켜주세요.

## 지도의 예시

**지도자** : (학생용 페이지의 엘코닌 박스를 가리키며) 이 글자의 이름은 무엇인가요?

**학생** : 니은이에요.

**지도자** : 네 맞았어요. 니은이에요. 니은은 위치에 따라 소리가 다르게 나요. (초성 엘코닌 박스를 가리키며) 이곳에서는 어떤 소리가 날까요?

**학생** : /느/소리가 나요.

**지도자** : 네 맞았어요. 초성에서는 /느/소리가 나요. 그러면 (종성 엘코닌 박스를 가리키며) 이곳에서는 어떤 소리가 날까요?

**학생** : /은/소리가 나요.

# 받침[ㄴ] 음가 배우기

내 이름은 '니은'입니다. 초성에 오면 /느/라고 소리 나지만 받침에서는 /은/이라고 소리가 나요

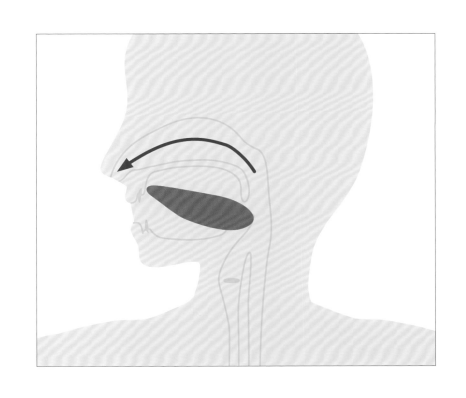

# 받침[ㄴ] 음소 인지하기 (1음절)

원　　차　　문　　돈　　구(9)

손　　뼈　　끈　　산　　이

초　　잔　　캔　　코　　눈

- 단어를 보고, 받침[ㄴ]이 들어간 단어를 찾는 활동입니다.
- 아동이 스스로 단어를 말하며 받침[ㄴ]을 인지하게 해주세요.
- 만약, 그림을 보고 목표 단어가 아닌 다른 단어로 산출하는 경우 바꾸어 들려주세요.
  (예. '동그라미'이라고 읽는 경우 '원'이라고 목표 단어를 정확하게 다시 들려주세요)

## 지도의 예시 1

지도자 : (눈을 가리키며) 이것의 이름은 무엇인가요?

학생 : 눈이에요.

지도자 : 소리에 /은/이 있나요?

학생 : 네 있어요.

## 지도의 예시 2

아동이 스스로 단어를 말하며 받침소리를
인지하는 것에 어려움을 보이는 경우

지도자 : 단어를 잘 듣고 /은/소리가 있는지 찾아보세요.
　　　　 '눈'에 /은/소리가 있나요?

학생 : 모르겠어요.

지도자 : (소리를 길게 들려주며)
　　　　 '느우은'에 /은/소리가 있나요?

학생 : 네 있어요.

# 받침[ㄴ] 음소 인지하기 (1음절)

# 받침[ㄴ] 음소 인지하기 (2음절)

| | | | | |
|---|---|---|---|---|
| 단추 | 버스 | 그네 | 팬티 | 계단 |
| 기린 | 사자 | 밴드 | 시계 | 변기 |
| 리본 | 우산 | 모기 | 반지 | 거미 |

**지도의 예시**

지도자 : (단추를 가리키며) 이것의 이름은 무엇인가요?

학생 : 단추에요.

지도자 : 소리에 /은/이 있나요?

학생 : 네 있어요.

지도자 : 어디에 /은/소리가 있나요? '단'에 있나요?
        '추'에 있나요?

학생 : '단'에 있어요.

- 단어를 보고, 받침[ㄴ]이 들어간 단어를 찾는 활동입니다.

- 아동이 스스로 단어를 말하며 받침[ㄴ]을 인지하게 해주세요.

- 만약, 그림을 보고 목표 단어가 아닌 다른 단어로 산출하는 경우 바꾸어 들려주세요.

  (예. '반창고'라고 읽는 경우 '밴드'라고 목표 단어를 정확하게 다시 들려주세요)

# 받침[ㄴ] 음소 인지하기 (2음절)

# 받침[ㄴ] 음소 첨가

| 산 | 잔 | 문 | 손 |

- 지시문 : 잘 듣고 /은/소리를 더하면 어떤 단어가 완성되는지 찾아 손으로 짚어보세요.

  1) '자'에다가 /은/소리를 더하면? (잔)

  2) '소'에다가 /은/소리를 더하면? (손)

  3) '무'에다가 /은/소리를 더하면? (문)

  4) '사'에다가 /은/소리를 더하면? (산)

# 받침[ㄴ] 음소 첨가

# 받침[ㄴ] 음소 생략

자　　　　　　　　소　　　　　　　　무　　　　　　　사(4)

- 지시문 : 잘 듣고 /은/소리를 빼면 어떤 단어가 완성되는지 찾아 손으로 짚어보세요.

  1) '손'에서 /은/소리를 빼면? (소)

  2) '산'에서 /은/소리를 빼면? (사)

  3) '잔'에서 /은/소리를 빼면? (자)

  4) '문'에서 /은/소리를 빼면? (무)

# 받침[ㄴ] 음소 생략

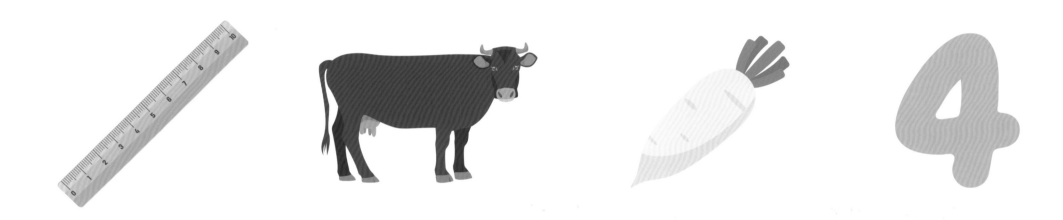

# 받침[ㄴ] 어휘 예습

 라면

 편지지

 계란

 계산대

 만두

 핸드폰

- 동화를 읽기 전 동화 속 단어를 예습하는 단계입니다.

- 단어를 읽는 것에 어려움을 보이는 경우 음소를 하나씩 분리해서 말한 뒤 합쳐서 말하게 해주세요.

# 받침[ㄴ] 어휘 예습

 라면

 편지지

 계란

 계산대

 만두

 핸드폰

# 받침[ㄴ] 어휘 예습

치킨

50000 오만 원

간판

전단지

펜

현관문

지도의 예시

지도자 : (간판을 가리키며) 읽어보세요.

학생 : 모르겠어요.

지도자 : 소리를 천천히 읽어 볼게요.

소리를 듣고 합쳐보세요.

(소리를 길게 들려주며) 그+아+은+프+아+은

학생 : 간판

- 동화를 읽기 전 동화 속 단어를 예습하는 단계입니다.
- 단어를 읽는 것에 어려움을 보이는 경우 음소를 하나씩 분리해서 말한 뒤 합쳐서
  말하게 해주세요.

# 받침[ㄴ] 어휘 예습

 치킨

 오만 원

 간판

 전단지

 펜

 현관문

# 동화의 구성

- **지도방법**

  1) 아동이 받침 [ㄴ]의 음가를 정확히 산출할 수 있는지 확인해 주세요.

  2) 동화를 읽기 전, 또는 읽은 후 받침[ㄴ]이 들어가는 단어를 찾아 한 번 더 읽게 해주세요.

  3) 동화를 처음부터 끝까지 다 읽은 뒤 앞으로 돌아와서 질문을 해주세요.

- **총 592음절로 구성된 동화입니다.**

- **동화에 나오는 단어 목록 (총 40개)**

| 간판 | 간편하다 | 건너가다 | 계란 | 계산대 | 곤란하다 | 그만 | 대신 |
|------|----------|----------|------|--------|----------|------|------|
| 두리번 | 라면 | 만두 | 만 원 | 매운 라면 | 먼저 | 문구 | 미안 |
| 반찬 | 순무 | 순한 라면 | 신나다 | 신선 | 언니 | 연근 | 오래간만 |
| 완전 | 왼편 | 전단지 | 전부 | 전자레인지 | 주인 | 진짜 | 천 원 |
| 치킨 | 튼튼하다 | 판매 | 펜 | 편지지 | 한테 | 핸드폰 | 현관문 |

# 받침[ㄴ]이 포함된 단어 :
## 연수, 현관문, 온('오다'의 활용형), 전단지

연수가 현관문에서 가져온 마트 전단지 봐요.

- 내용 파악 질문

  1) 연수가 현관문에서 무엇을 가져왔나요?

     (전단지)

  2) 어디서 마트 전단지를 가져왔나요?

     (현관문)

연수가 현관문에서 가져온 마트 전단지 봐요.

# 받침[ㄴ]이 포함된 단어 :
## 미안, 바쁜데('바쁘다'의 활용형), 언니, 연수, 오만 원

- 내용 파악 질문

  1) 연수가 누구에게 마트를 가자고 했나요?

     (아빠)

  2) 아빠가 왜 마트에 같이 가지 못하나요?

     (바빠서)

아빠가 연수에게 오만 원 줘요.

# 받침[ㄴ]이 포함된 단어 :
# 완전, 언니, 신난다('신나다'의 활용형), 연수

- 내용 파악 질문

    1) 연수가 누구에게 마트를 가자고 했나요?

        (언니)

    2) 연수의 기분은 어떨까요? (신난다)

연수가 언니에게 마트 가자고 해요.

# 받침[ㄴ]이 포함된 단어 :
## 핸드폰, 보면서('보다'의 활용형), 연수, 언니

- 내용 파악 질문

  1) 연수와 언니는 무엇을 보면서 마트에

     가나요? (지도 or 핸드폰)

연수와 언니가 핸드폰으로 지도 보면서 마트에 가요.

# 받침[ㄴ]이 포함된 단어 :
## 간판, 건너가면('건너가다'의 활용형)

- 내용 파악 질문

  1) 연수와 언니는 무엇을 보았나요?

    (간판 or 마트)

드디어 마트 간판이 보여요.

# 받침[ㄴ]이 포함된 단어 :
# 라면, 먼저

- **내용 파악 질문**

  1) 연수와 언니가 무엇을 사기로 했나요?

     (라면)

먼저 라면부터 사기로 해요.

# 받침[ㄴ]이 포함된 단어 :
## 순한('순하다'의 활용형), 라면, 오래간만, 매운('맵다'의 활용형), 연수, 언니

- 내용 파악 질문

    1) 연수는 어떤 라면을 샀나요? (순한 라면)

    2) 언니는 어떤 라면을 샀나요? (매운 라면)

언니는 매운 라면 사고 연수는 순한 라면 사요.

# 받침[ㄴ]이 포함된 단어 :
# 반찬, 계란, 두리번 두리번, 연수

반찬거리도 사야 해

계란 사자

연수가 계란이 안 보여서 두리번 두리번거려요.

- 내용 파악 질문

  1) 연수가 무엇을 사자고 했나요? (계란)

  2) 연수가 왜 두리번거리나요?

     (계란이 안 보여서)

연수가 계란이 안 보여서 두리번 두리번거려요.

# 받침[ㄴ]이 포함된 단어 :
## 계란, 왼편, 신선, 연근, 판매, 순무

신선 코너에서 계란도 사고 연근, 순무도 사요.

- **내용 파악 질문**

1) 계란은 어떤 코너에서 판매하나요?

(신선 코너)

2) 신선 코너에서 어떤 물건들을 샀나요?

(계란, 연근, 순무)

신선 코너에서 계란도 사고 연근, 순무도 사요.

# 받침[ㄴ]이 포함된 단어 :
# 만두, 연수

- **내용 파악 질문**

  1) 점원이 무엇을 먹어보라고 했나요? (만두)

  2) 연수는 어떤 만두를 샀나요? (고기만두)

# 받침[ㄴ]이 포함된 단어 : 나온('나오다'의 활용형), 치킨, 전자레인지, 데우면('데우다'의 활용형), 간편하다

- 내용 파악 질문

  1) 언니가 무엇을 샀나요?

     (치킨 or 간편 치킨)

  2) 치킨을 데우려면 어떤 기계가

     필요한가요? (전자레인지)

# 받침[ㄴ]이 포함된 단어 :
# 튼튼하다, 연수, 언니, 만두, 치킨

- 내용 파악 질문

   1) 치즈를 먹으면 뼈가 어떻게 되나요?

      (튼튼해진다)

   2) 연수와 언니가 어떤 물건들을 샀나요?

      (고기만두, 치킨, 치즈)

# 받침[ㄴ]이 포함된 단어 :
# 문구, 안, 대신, 한, 만, 연수, 언니

그래.
대신 한 개만 사야 해

언니 우리 문구 코너도
가보면 안 돼?

연수와 언니가 문구 코너로 가요.

- 내용 파악 질문

  1) 연수가 어디에 가고 싶다고 했나요?

     (문구 코너)

  2) 언니가 몇 개를 살 수 있다고 했나요?

     (한 개)

연수와 언니가 문구 코너로 가요.

# 받침[ㄴ]이 포함된 단어 :
## 사면('사다'의 활용형), 안, 건, 곤란하다, 연수, 펜, 편지지

- **내용 파악 질문**

  1) 연수가 사고 싶었던 물건은 무엇인가요?

     (펜, 편지지)

  2) 그중 어떤 물건을 샀나요? (펜)

연수가 펜만 사고 편지지는 내려놔요.

# 받침[ㄴ]이 포함된 단어 :
## 진짜, 그만, 가진('가지다'의 활용형), 돈, 만 원, 뿐, 계산, 계산대

이제 진짜 그만 사야 돼.
우리 가진 돈이
오만 원뿐이야

그래 이제
계산하러 가자

연수와 언니가 그만 사고 계산대로 가요.

- 내용 파악 질문

  1) 연수와 언니가 가진 돈은 얼마인가요?

     (오만 원)

  2) 연수와 언니는 어디로 갔나요? (계산대)

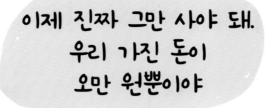

이제 진짜 그만 사야 돼.
우리 가진 돈이
오만 원뿐이야

그래 이제
계산하러 가자

연수와 언니가 그만 사고 계산대로 가요.

# 받침[ㄴ]이 포함된 단어 :
# 계산, 전부, 만 원, 천 원, 주인, 언니, 한테

- **내용 파악 질문**

  1) 계산해서 얼마가 나왔나요?

     (사만 구천 원)

  2) 거스름돈으로 얼마를 받았나요? (천 원)

사만 구천 원이 나와서 언니가 오만 원 내고 마트 주인이 언니한테 천 원 줘요.

# 받침[ㄴ]이 포함된 단어 :
## 대단하다, 대견하다, 온('오다'의 활용형), 연수

- 내용 파악 질문

  1) 연수가 마트에 다녀와서 누구에게

     자랑했나요? (아빠)

  2) 아빠는 누가 대견한가요? (연수)

아빠는 마트에 다녀온 연수가 대견해요.

# 받침[ㄴ]이 포함된 단어 :
## 완전, 간단

마트 다녀오기 완전 간단하죠?

마트 다녀오기 완전 간단하죠?